Hans-Dieter Biebinger

Poetische Zeitreise

Gedichte geleiten durch das Jahr

novum pro

www.novumverlag.com

Bibliografische Information
der Deutschen Nationalbibliothek:

Die Deutsche Nationalbibliothek
verzeichnet diese Publikation in
der Deutschen Nationalbibliografie.
Detaillierte bibliografische Daten
sind im Internet über
http://www.d-nb.de abrufbar.

Alle Rechte der Verbreitung,
auch durch Film, Funk und Fernsehen,
fotomechanische Wiedergabe,
Tonträger, elektronische Datenträger
und auszugsweisen Nachdruck,
sind vorbehalten.

© 2017 novum Verlag

ISBN 978-3-95840-139-6
Lektorat: Dr. phil. Ursula Schneider
Umschlagfoto:
Frank Friedrich | Karlsruhe
Umschlaggestaltung, Layout & Satz:
novum Verlag
Innenabbildungen:
Frank Friedrich | Karlsruhe (10)

Die vom Autor zur Verfügung gestellten Abbildungen wurden in der bestmöglichen Qualität gedruckt.

Gedruckt in der Europäischen Union
auf umweltfreundlichem, chlor- und
säurefrei gebleichtem Papier.

www.novumverlag.com

Inhalt

Ist denn alles geschrieben 7

Der Hauch des Sommers 9

Sonett zum Ausklang des Sommers 10

Ich hab's 11

Ahnungsvoll 12

Helles Geläute 13

Schöne, traurige Herbstgedanken 15

Nebelschwaden 17

Rege Tätigkeit 18

Stürmische Zeiten I 19

November vierzehn 21

Sonett zum Ausklang des Jahres 22

Gerichtet 23

Stürmische Zeiten II 24

Noch nicht entschwunden 25

20. Dezember 2014 27

Unruhige Zeiten 29

Hymne 30

Schaurig schöne Eiszeit 31

Sprengkraft 33

Aufbruch	34
Sehnsucht	35
Ankunft	37
Mit den Waffen der Worte	38
Draußen	39
Das eingeengte Herz	41
Durchgesetzt	43
Hoffnungsschimmer	44
Bleiernes Schweigen	45
Gestrandete Stille	46
Schwüle Trägheit	47
Wie lieb ich die Höhen	48
es ist geschafft	50

Ist denn alles geschrieben

Ist denn alles geschrieben
in dieser Welt?

Steht alles auf dem Papier
von draußen getrieben zu mir?

Von dem Zauber des Frühlings,
von der Schwere des Sommers,
von der Buntheit des Herbstes,
von der Kälte des Winters?

Ist wirklich alles geschrieben,
von innen getrieben?

Die Vielfalt gibt mir scheinbar recht, doch
hege ich Zweifel und
greife zum Stift und denke und schreibe und
bin.

Der Hauch des Sommers

Zu kurz war die Zeit,
mir wird schon bang.
War's das schon?
Er wird nicht lang.

Lass mich noch atmen die warme Luft.
Lass mich noch spüren den schweren Duft.
Die Ahnung dessen, was kommen mag,
sie haucht mir zu – nur nicht verzag.
Vielleicht wird er noch lang.

Sonett zum Ausklang des Sommers

Wie hätt ich ihn doch so genossen,
doch nirgends war er je zu sehn.
Kein Mensch konnt dies so recht verstehn,
stattdessen hat es oft gegossen.

Nun ja, was sollt man denn da tun?
Nur triste schaun? Das kann nicht sein!
Gewiss, es scheint doch so gemein,
drum lässt es mich auch gar nicht ruhn.

Auf, ihr Gedanken, ihr lebet noch!
Auf und heraus aus diesem Joch
und zeiget mir den rechten Weg!

Auch wenn des Sommers Kleid schien blass.
Auch wenn so manches war viel zu nass:
Ich mag ihn gehn auf dem schmalen Steg.

Ich hab's

Gefunden in meinem Innern und
habe Zweifel wie eh und je.

Ich hab's
gefunden in meinem Herzen und
die Zweifel bleiben bestehn.

Doch die Hoffnung und die Suche
nach dem Glück und nach dem Sein –

dies macht mich zufrieden,
dies atme ich ein.
Ich hab's gefunden!

Ahnungsvoll

Der Tag neigt sich dem Ende.
Die Dämmerung an die Türe pocht.
Der Tag neigt sich dem Ende.
Das Feuer lecket schon am Docht.

Zu fühlen ist des Herbstes Schatten.
Zu ahnen ist, was bald geschieht.
Noch geht der Blick hinaus zum Garten,
auch wenn das Lichtlein drinnen mich zu sich zieht.

Helles Geläute

Helles Geläute.
Herauf vom Tale
dringt es leicht und sanft zu mir
an mein Ohr.

Oh dieses Zeichen,
oh diese Freude!
Geschwind zum Stifte –
Gedankenspiele.

Sie schweifen übers Tal hinaus
in weite Ferne und
kehren zurück,
beladen mit Glück.

Helles Geläut,
leises Geläut.
Nun bist du entschwunden.

Schöne, traurige Herbstgedanken

Der Herbst zeigt sich von seiner besten Seite –
mit Sonnenschein und milder Luft,
vereint mit zartem, noch feinem Duft.
Genießen muss man dies in voller Breite.

Weit geht der Blick über das klare Tal
und lässt die Gedanken in Ruhe schweifen.
Dazu gesellt sich fröhliches, doch zartes Pfeifen
und lässt erahnen bald kommende Qual.

Wie werden wohl die kommenden Tage?
Immer kürzer und grauer, voller Nebel und Regen.
Die reinen Gedanken werden dann schnell zur Plage:
stiller Begleiter auf all meinen Wegen.

Nebelschwaden

Sie ziehen durchs Tal gleich
grauem und dichtem und düstern Gewöll.

Nebelschwaden –
sie hängen im Tal gleich
tonnenschwerem Geröll.

Nebelschwaden –
sie lösen sich auf,
entschwinden im Nichts und
geben frei den Blick
für neues Erwachen.

Rege Tätigkeit

Rege Tätigkeit von früh bis spät
begleitet den immer kürzer werdenden Tag.
So weit das Ohr dies zu vernehmen vermag
und angenehm zu ihm gerät:

Schafe blöken zufrieden vor sich hin,
Hähne krähen in weiter Ferne.
Pferde wiehern, dies vernehm ich gerne
und vieles kommt mir in den Sinn:

Lehn ich mich zufrieden zurück,
zu genießen den sich neigenden Tag,
oder hab ich den nächsten schon etwas im Blick,
so weit ich dies zu überblicken vermag?

Da unterbrechen Traktorengeräusche
jäh meine Gedanken und Träume –
rege Tätigkeit.

Stürmische Zeiten I

kündigen sich an:
Wolken ziehen durch das Tal,
Winde streifen die hohen Wipfel.

Regengüsse peitschen an Türen und Fenster,
Nebelschwaden verhüllen die Sicht.

Stürmische Zeiten
haben Einzug gehalten:
Wolken, Winde, Regen und Nebel –
sie werden lange, viel zu lange
unsere Begleiter sein.

November vierzehn

Schon wieder hat er Einzug gehalten,
dieser Monat mit seinem trüben Sein.
Schon wieder viel Dunkel und wenig Schein –
dieser Monat lässt mein Inneres spalten.

Schwer zu ertragen sind das tiefe Grau
und die Last des bleiernen Nebels.
Schwer zu ertragen sind Nässe und Tau –
Schwere und Last, Enge – Knebel.

Doch kam da nicht ein Zirpen von draußen,
zaghaft und leise, ängstlich und sanft?

Mit Freude habe ich's vernommen,
verschwunden sind Enge und Leere,
entknebelt sind Last und Schwere.

Sonett zum Ausklang des Jahres

Nicht mehr lange dauert dieses Jahr
und die Gedanken kreisen Stück für Stück
auf wundersame Weise schwebend zurück.
Und der Blick, er wird dabei so klar.

Die Gedanken – sie kreisen und kreisen
und bahnen gleich Pflügen Stück für Stück
einen Weg nach innen geduldig zurück,
verreisen.

Doch irgendwann muss enden diese Reise,
sie kommen auf wunderbare Weise
leuchtend hell und strahlend zurück.

Und wieder sind es die Gedanken, die kreisen,
die ebnen und den Weg nach draußen weisen.
Glück!

Gerichtet

ist der Blick nach innen
und ganz dem Herzen zugewandt;
denn nur die Tiefe in diesem Drinnen
gibt Kraft und Mut – ein starkes Band.

Gerichtet
ist der Blick nach außen
und ganz dem Leben zugetan;
denn nur die Nähe zu diesem Draußen
verleiht viel Stärke – und nichts ist vertan.

Stürmische Zeiten II

Es tobt da draußen mit Stärke und Macht,
ein Sturm über Feld und Wald.
Er rüttelt am Tag und auch in der Nacht
und niemand gebietet ihm Halt.

Mit Ehrfurcht ist dies Schauspiel zu sehn,
mit Schweigen zu spüren die Gewalt der Natur.

Die stürmischen Zeiten –
sie werden vergehn.
Zurück bleiben Staunen,
Verwunderung nur.

Noch nicht entschwunden

Noch nicht entschwunden ist dieser Herbst.
Noch ist zu sehen ein welkes Blatt,
einsam taumelnd am kahlen Baum.
Die bunten Farben – ein ewiger Traum.
Sie weichen einem Grau – sind matt.

Bald wird es fallen in dieses Grau
und sich stülpen darüber vielleicht bald
ein leuchtend Schimmern von Weiß.

20. Dezember 2014

Sie ist erreicht
die Nacht der Nächte:
Mit Freude hab ich's vernommen.

Sie ist erreicht
die Nacht der Nächte:
Die Botschaft ist zu mir gekommen.

Nur langsam bahnt sich das Licht seinen Weg,
verdrängt das Dunkel der kalten Nacht,
geduldig, stetig, Tag für Tag.

Nur langsam entkommt es über den schmalen Steg,
Schritt für Schritt und mit Bedacht,
so gut es dies vermag.

Die Tage – sie werden länger!

Unruhige Zeiten

Eisige Winde
Kälte
Schnee

Stürmische Winde
Wärme
Regen

Unruhige Zeiten

Hymne

auf die Kraft der Worte
auf das Schreiben
das beseelt und befreit
von Herzen kommt
zu Herzen fließt.

Funken vielleicht versprüht und
Flammen gleich zünden und glühn.

Freude – ströme!
Frische – breite dich aus!

Schaurig schöne Eiszeit

Wie hat sich die Landschaft doch so verändert:
Eisige Winde pfeifen und
türmen Berge von Schnee;
klirrende Kälte verharrt und
lässt erstarren Wald, Wiese und See.

Mit Ehrfurcht und voller Staunen
verweilen Blick und tiefe Gedanken –
gefesselt von der Stärke der Natur,
gefangen im Banne der Gewalten.

Bizarres, schönes Winterbild!

Sprengkraft

Getragen von der Macht der Liebe.
Getragen von der Willenskraft.
Gefangen im Banne der Gedanken.
Gefangen von des Zweifels Last.

Lass sprengen schnell die Gitterstäbe.
Lass fallen sie zur Erde hin.
Auf dass es diese gar nie gäbe –
nur das gibt Leben und macht Sinn!

Aufbruch

Hell leuchten die Strahlen der Sonne und
lassen schwinden die
letzten Reste von Schnee.

Noch stehen sie schräg am Himmelsrande und
sind doch zu spüren,
angenehm wärmend auf Haut und Seele.

Ein Zeichen ist's zum Aufbruch nun,
die Feder kann nicht länger ruhn.

Sehnsucht

Grübelnd lieg ich in meinem Bette und
sehn herbei den neuen Tag.
Ein kleiner Kerl pfeift keck um die Wette und
singt herbei das Hell, wie ich es mag.

Viel Arbeit wartet nun draußen im Garten und
bald ist vorbei das ewige Warten, um
zu wühlen in der kalten Erde.

Noch braucht der Frost sein starres Leben –
im Garten werd ich ihm bald vergeben.

Ankunft

Ein zartes, leichtes und lockendes Grün –
es breitet sich aus im weiten Rund des Tales und
bedeckt mit Ehrfurcht das lästige Grau.

Noch fehlen die leuchtenden Farben
Geld, Rot, Weiß und Blau.

Sie werden bald kommen,
viel Freude bereiten in
Wald, Wiese, Feld und Au.

Mit den Waffen der Worte

Mit den Waffen der Worte,
mit dem Willen im Herzen,
mit der Macht der Liebe
und der Kraft der Gedanken –

Möge dies der Weg sein,
das Innere,
oft Aufgewühlte
nach außen
zu tragen,
auf dass es gehört werde –

Erleichterung!

Draußen,

wenn die Wärme strömt und
die Strahlen sich verbreiten,
wenn das Herz nach Höherem strebt und
die Sehnsucht lässt mich gleiten
in die Weiten der ewigen Sinne.

Hier, in diesem Draußen,
in der Stille Glut.
Hier ist mein Zuhause –
verleiht mir Kraft, verleiht mir Mut.

Das eingeengte Herz

Das eingeengte Herz,
es kann sich öffnen,
vermag sich zu weiten:
Zum Durchbruch kommt's
in lichten Momenten.

Durchgesetzt

hat sich das pralle Grün
voller Saft und Kraft und Reife.
Ein Wohl dem Auge und dem Gemüt –
hinweggefegt sind Last und Zweifel.

Verschwunden
ist das lästige Grau,
das viel zu lange währte.
Verschwunden sind all die Schleier –
wohltuende Klarheit.

Hoffnungsschimmer

Ein Irren durch den Wirrwarr
von Schlamm und Geröll.
Ein Suchen und Tasten
durch das lästige Grau.
Verwoben. Verschwommen. Vernebelt.

Wie lange noch währet denn dieser Weg,
gesäumt von Dornen und Stacheln
gleich eines Tunnels Röhre,
flankiert von schwarzen Gemäuern?

Da lichtet sich das schreckliche Grau
nun hin zu einem leichten Grün
und wird bald üppig werden.

Erreicht ist jetzt
das Ende des Weges.

Erreicht ist endlich das Licht.

Bleiernes Schweigen

Es zeichnet sich ab ein helles Band
am fernen Rande des Himmels.

Wohltuend schweift der Blick in die Ferne,
wissend um die Unendlichkeit.

Wohltuend die erhabene, bleierne Ruhe,
schwebend irgendwo weit da draußen.

Es zeichnet sich ab ein dunkles Band.
Am fernen Rande – Schweigen.

Gestrandete Stille

Getragen von den Weiten der Welten.
Gefangen in den Funken des Lichts.
Gestrandet an stummen Zeugen,
gemeißelt in ewigem Stein.

Sanft kräuseln die Wellen.
Schmerz kehrt ein.
Sage nichts.
Stille!

Schwüle Trägheit

Schwer ist die Last der drückenden Luft,
träge der Gang durch die Gedanken.
Nur wenig hilft da der schwache Duft
der Blumen, die am Zaune ranken.

Müde lassen sie die Köpfe hängen,
allen schwer scheint dieser Ballast.
Doch werden sie bald nach dem kühlen Nass sich drängen,
sich dann erheben – ein willkommener Gast.

Wie lieb ich die Höhen

I

Wie lieb ich die Höhen,
wie hass ich die Tiefen –
diese, die helfen,
jene, die niederschmettern.

Doch sie müssen sein,
die Tiefen und Höhen –
damit ich lebe!

II

Die Höhen:
Ich möcht sie packen, verweilen, teilhaben, genießen.
Nur sie leben und nicht denken
an das Kommende im Augenblick.

Der Augenblick des Glücks – weshalb so selten?
Unrast, Ruhe, so nah gekettet.
Aufreißen und erkennen,
das, was ich habe:
ein Geschenk?

III

Warum ist der Tag so kurz, die Nacht so lang?
Die Zeit verrinnt, gleitet hinweg.
Oh diese Gedanken der Fülle!
Sie fassen im Moment der Weiten.
Welch ein Streben!

Keine Hast. Ruhe.
Verweilen und bleiben:

Ein kostbares Geschenk!

es ist geschafft

es ist geschafft
geschlossen der kreis
den bogen gespannt über das jahr
ob's was gebracht
das wird sich zeigen
es ist geschafft!

Der Autor

Hans-Dieter Biebinger wurde 1946 in Ludwigshafen/Rhein geboren. Nach dem Studium der Erziehungswissenschaften in Heidelberg war er bis 2011 als Lehrer in Schramberg/Schwarzwald tätig. Er ist verheiratet und hat zwei Töchter. In seiner Freizeit widmet sich der Autor gerne dem Reisen, Lesen und seinem Garten. Heute lebt er mit seiner Frau in Königsfeld im Schwarzwald.

„Poetische Zeitreise" ist nach „Poetisches Gedankenspiel" sein zweiter Gedichtband.

novum VERLAG FÜR NEUAUTOREN

Der Verlag

*Wer aufhört
besser zu werden,
hat aufgehört
gut zu sein!*

Basierend auf diesem Motto ist es dem novum Verlag ein Anliegen neue Manuskripte aufzuspüren, zu veröffentlichen und deren Autoren langfristig zu fördern. Mittlerweile gilt der 1997 gegründete und mehrfach prämierte Verlag als Spezialist für Neuautoren in Deutschland, Österreich und der Schweiz.

Für jedes neue Manuskript wird innerhalb weniger Wochen eine kostenfreie, unverbindliche Lektorats-Prüfung erstellt.

Weitere Informationen zum Verlag und
seinen Büchern finden Sie im Internet unter:

w w w . n o v u m v e r l a g . c o m